W. Zimmermann

Die Lehre von der Kauterisation nach Mondeville

W. Zimmermann

Die Lehre von der Kauterisation nach Mondeville

ISBN/EAN: 9783744668231

Hergestellt in Europa, USA, Kanada, Australien, Japan

Cover: Foto ©ninafisch / pixelio.de

Weitere Bücher finden Sie auf **www.hansebooks.com**

Die Lehre
von der Kauterisation nach Mondeville.

INAUGURAL-DISSERTATION

WELCHE ZUR

ERLANGUNG DER DOCTORWÜRDE

IN DER

MEDICIN UND CHIRURGIE

MIT ZUSTIMMUNG DER

MEDICINISCHEN FACULTÄT

DER

FRIEDRICH-WILHELMS-UNIVERSITAT ZU BERLIN

AM 27. APRIL 1897

NEBST DEN ANGEFÜGTEN THESEN

ÖFFENTLICH VERTEIDIGEN WIRD

DER VERFASSER

Walther Zimmermann
aus Berlin.

OPPONENTEN:

Hr. Dd. med. Biermann.

  - cand. med. Becber.

  - stud. med. Heine.

Berlin.

Druck von E. Ebering.

Linkstrasse 16.

Meinen lieben Eltern.

Quod medicamentum non sanat, ferrum sanat, quod ferrum non sanat, ignis sanat; quod ignis non sanat, nullo modo sanari potest.

Ὁκόσα φάρμακα οὐκ ἰῆται, σίδηρος ἰῆται. ὅσα σίδηρος οὐκ ἰῆται, πῦρ ἰῆται. ὅσα δὲ πῦρ οὐκ ἰῆται, ταῦτα χρὴ νομίζειν ἀνίατα.

In dieser wunderschönen Klimax, wie sie der (beiläufig bemerkt unechte) 6. Aphorismus des 8. Abschnitts des Hippokrates ausdrückt, ist die ganze Skala der altertümlichen Therapie enthalten. Danach zu schliessen, darf man annehmen, dass die Kauterien, also das Feuer, gewissermassen das ultimum refugium in dem Armamentarium des Praktikers darstellte, und dass das, was selbst diesem Mittel nicht zugänglich war, überhaupt ultra fines therapiae lag. Für eine grosse Zahl der Fälle trifft das sicher, wie wir annehmen dürfen, ohne weiteres zu; aber ebenso sicher wissen wir, dass das sich nicht immer so verhielt, sondern dass sehr häufig das Kauterium die erste und oberste Rangstufe einnahm und dass mit ihm die Kur begann in Fällen, wo vielleicht andere Mittel besser genügt hätten.

Ja, es gab eine Zeit, und besonders im Mittelalter — wir haben davon kurz zu sprechen — wo die Kauterien derartig bei den Chirurgen beliebt waren, dass sie fast das einzige, jedenfalls das hauptsächlichste instrumentum chirurgiae bildeten.

Dass die Kauterien schon sehr lange üblich und uralt sind, entnehmen wir aus der historisch feststehenden Thatsache, dass die Chinesen beispielsweise die Moxen kannten und mit Vorliebe anwandten, wie uns neuerdings noch Hirschberg in seinen klassischen Schilderungen der

Geschichte der chinesischen Medizin und mehrfachen Berichten (Aufsätzen in d. D. M. W.), ferner in seinem herrlichen Werk „Um die Erde" (Leipzig 1894) mitgeteilt hat.

Hippocrates handelt ausführlich von Kauterien; wir entnehmen indirekt aus seinen Angaben, dass das Aetzen auch als Volksmittel, sowohl in therapeutischer, wie prophylaktischer Beziehung geschätzt war. Im ganzen blutscheuen Mittelalter, speziell bei den Arabern, die ja in dieser Beziehung die höchste Potenz erreichten und selbst die ecclesia a sanguine abhorrens übertrafen, nahm die Darstellung von den Kauterien und die Auseinandersetzung über ihren Nutzen einen grossen Umfang ein. Albucasem, der bedeutendste Repräsentant der Chirurgie der Araber, ist nach dieser Richtung hin geradezu typisch.

In der schönen Originalausgabe von Channing (1778), mit lateinischem Texte, sowie in der reinfranzösischen Ausgabe von Leclerc (1861) sehen wir die prächtigsten Abbildungen von Kauterien, und zwar ganz nach dem Muster seiner Quelle, des Paulus von Aegina (Chir. aus dem 9 saec., den er anerkanntermassen vielfach abgeschrieben hat) überall d. h. an allen Teilen des Körpers und bei allen örtlichen Fehlern, das Glüheisen. Das war als cauterium actuale das spezifische usuellste Mittel des ganzen Mittelalters bei zahllosen Affektionen. Sieht man sich die chirurgische Litteratur jener Periode an, den Araber Avicenna, die Europäer Bruno, Theoderich, Saliceto Lanfranchi, vor allem Guy de Chauliac, so findet man überall lange und breite Auseinandersetzungen darüber. In einzelnen Texten sind uns auch noch die Abbildungen in den Handschriften erhalten und von da in die Incunabeln übergegangen.

Dass das Glüheisen auch bis in die neuere Zeit eine Rolle gespielt hat, ist bekannt. Wollte ich alle die in Betracht kommenden Autoren nennen, so müsste ich die ganze Litteratur hier Revue passieren lassen und den geplanten Umfang dieser Arbeit weit überschreiten.

Erwähnt sei nur, dass Rust, der bekannte Vater der Arthrokakologie und Helkologie noch ernstlich den Gedanken hegte, Caries der Wirbelsäule mit Glüheisenapplikationen heilen zu können, und der alte Jünken beutzte (nach Bardeleben) sogar dieses kühne Mittel, um Hüftgelenkluxationen zu reponieren. Im übrigen wissen wir, dass Hamorrhoidalblutungen auf eine ganz ähnliche Art gestillt wurden. —

Welche Theorie diesen Mitteln zu Grunde lag, die vagen Anschauungen von Derivation und Revulsion zu erörtern, ist hier nicht der Ort. Im Zeitalter der Humoralpathologie erscheinen derartige Mittel nicht übel begründet und zweifellos haben sie, wie man empirisch feststellen kann, Segen und Nutzen gestiftet, sie waren ein Notbehelf bei Blutstillung, wo man Unterbindungen der Gefässe nicht kannte, und eine nicht genügende Assistenz zu Gebote stand, sie schützten durch ihre Glühhitze gegen Sepsis etc. etc.

Heutzutage haben wir an der genialen Methode der elektrischen Akupunktur eines Middeldorpff einen besseren Ersatz. Das Glüheisen ist vielleicht nur noch zum Zwecke der Erkennung von Simulation zu empfehlen, aber auch da haben wir mildere, nicht sicher weniger wirkende Mittel.

Im Folgenden werde ich auf Anregung des Privatdozenten Herrn Dr. Pagel dasjenige Kapitel aus Mondeville, welches von diesem Gegenstande handelt, in deutscher Uebersetzung nach dem Urtext zum ersten Male wiedergeben. Damit werden wir zugleich in die Ansichten des Mittelalters, sowohl ·die physiologischen, wie die pathologisch-therapeutischen einen Einblick erhalten.

Chirurgie des Heinrich von Mondeville ed. Pagel pag. 351 Vgl. bis 365.

II. Kapitel.

Von den notwendigen und nützlichen, auf dem Wege der Kunst vorzugsweise an Organen mit unverletzter Haut an Excrescenzen oder Abscessen zu applizierenden Kauterien, deren der menschliche Körper nach den Regeln der Medizin und Chirurgie für alle Fälle nötig hat.

Mit dem obigen Titel schliessen wir von diesem Kapitel ausdrücklich alle nicht künstlichen Kauterien aus, unter denen wir in der Kürze nur die anführen wollen, die man ohne Instrumente, ohne Kanthariden und ohne das Aufbrechen befördernde Mittel (ruptoria) vornimmt; z. B. die, welche man an einem vollblütigen Individuum vornimmt, bei dem vorher für Abführen nicht gesorgt ist, ferner die nicht nützlichen Kauterien, die man an einem gesunden Individuum vornimmt, nur der Prophylaxe halber, oder an einem Individuum, das keinerlei schädlichen Krankheitsstoff hat, wie z. B. einem mit Dyskrasie (aber ohne Eiter) behafteten Menschen.

Ferner die, welche zufällig und absichtslos geschehen, wie wenn man sich zufällig verbrennt, und die, welche bei Wunden, Geschwüren, Krebsen, Fisteln und andern derartigen Affektionen, wo die Oberhaut beschädigt ist, vorkommen, ferner die, welche bei Operationen zur Exstirpation von Excrescenzen und nicht offnen Abscessen, bei denen die Oberhaut unversehrt ist, vorkommen. Von diesen Kauterien wollen wir jetzt nicht sprechen, von ihnen soll anderwärts an besonderer Stelle gehandelt werden: hier handelt es sich nur um mit Instrumenten, Kanthariden oder Kausticis veranstalteten, weil sie allein füglich „künstliche" genannt werden können.

Der Gegenstand dieses Kapitels umfasst vier allgemeine Fragen, die summarisch betrachtet werden sollen.

I. Den Begriff des Kauteriums.

II. Die bei den künstlichen Kauterien zu befolgende Methode.

III. Die Fälle, in denen man gemeinhin und angebrachtermassen Kauterien anwendet, die Vorzüge derselben und die Krankheiten, bei denen sie indiziert sind.

IV. Gewisse Vorsichtsmassregeln bei der Anwendung der Kauterien.

V. Erklärung dunkler Punkte.

ad. 1. Der Begriff des Kauteriums umfasst 4 Punkte.

1. Beschreibung des Kauteriums und seine verschiedenen Arten.

2. Einteilung und Erklärung der Arten.

3. Aehnlichkeiten und Verschiedenheiten der Arten.

4. Vergleich der Arten.

ad. 1. (Beschreibung des Kauteriums.) Das Kauterium ist ein Hilfsmittel oder eine spezifisch chirurgische Operation, die viel dazu beiträgt, vor gewissen Krankheiten, zu denen man disponiert ist, zu schützen, und gewisse andere schon ausgebrochene einzudämmen und zu heilen, wie es in Folgendem sich zeigen wird. Kauterium (caut., ustio, coctura und in vulgärer Sprache „fileta") sind 4 gleichbedeutende Ausdrücke. Kauterium kommt her von „cauma", d. h. Hitze, weil es erhitzt, Coctura von „coquere", ustio von „urere", fileta heisst so zu sagen Tochter, weil das Kauterium lange viele Sorgen macht und der Kranke unausgesetzt genötigt ist, es zu beobachten, und es wie eine leibliche Tochter zu dirigieren.

ad. 2. Einteilung der Kauterien.

Die einen wirken aktuell, die anderen potentiell. Aktuell ist das Kauterium (so weit es für unsern Gegenstand in Betracht kommt), wenn man es mit irgend einem brennenden

oder erhitzten Metall, Eisen oder sonst einem vornimmt.
Potentiell[1] wirkt das, welches mit irgend welchen ein-
fachen Medikamenten, wie den Kanthariden, oder einem
zusammengesetzten, wie den das Aufbrechen befördernden
Mitteln und dergl., die weder brennend noch künstlich erhitzt sind, sondern nur ein latentes, nicht unmittelbar
wirkendes Brennungsvermögen besitzen, veranstaltet wird.

ad. 3. Aehnlichkeiten und Verschiedenheiten der
beiden Kauterienarten.

Sie sind sich darin ähnlich, dass sie beide verletzen,
brennen, säfteentleerend und verbrauchend sind und in
einigen andern unwichtigen Beziehungen. Sie unterscheiden
sich darin, dass das aktuelle Kauterium wenig verletzt, denn
das Feuer ist ein einfaches Element, das sich nur äussert,
soweit seine Kraft auf den stofflichen Gegenstand über-
tragen wird (nisi quantum ejus virtus impressa est in instrumento materiali). Daher wirkt es auch schneller und
die dadurch verursachte Verletzung vergeht rascher, weil
es nur im Augenblick der Berührung wirksam ist und
nicht so lange anhält, bis die Hitze des mit ihm be-
handelten Gliedes sich ihm mitteilt. Es zieht nichts von
anderswoher an und verletzt daher nicht entfernte Glieder
und lässt sich zu jeder Zeit und Stunde anwenden, besonders bei heftigen Schmerzen, bei jeder Krankheit und
bei jeder Leibesbeschaffenheit, natürlich mit den nötigen
Einschränkungen und Ausnahmen, z. B. einer schlechten
warmen Konstitution (complexio).[2] Zu jeder Zeit und
Stunde sage ich, weil es immer bei den Säftekrankheiten,
die keine Unterbrechung zeigen, das letzte Heilmittel ist,

---

1. Ich habe hier direkt die lateinischen Termini wegen ihrer Ver-
ständlichkeit und Geläufigkeit gebraucht, man kann auch dafür vertieren:
unmittelbar u. mittelbar.

2. Unter complexio versteht der Latinobarbare das, was man heute
etwa mit chemischer Verbindung übersetzen würde d. h. die Kombination
der Qualitäten, das Temperament, Verfassung etc. (Vgl. auch Mondeville
ed. Pagel p. 83—84.) Uebrigens wurde jeder auch unorganische Natur-
körper mit einer bestimmten complexio ausgestattet vorgestellt; daher
rechtfertigt sich der Ausdruck „Verbindung."

wie Rhases (im ersten Buche Albucases[1] im ersten
Kapitel) sagt: „Man wendet es an, wenn alle andern
Mittel versagen." Ein andrer Grund, den Razes an derselben Stelle anführt, aus dem das Kauterium zu jeder
Zeit und Stunde angewandt werden kann, ist der, dass der
Vorteil des Kauteriums grösser ist, als der Schaden sein
würde, der aus schlechter Wahl der Zeit entstehen könnte,
besonders, wenn man das Kauterium nur anwendet, um
einen unerträglichen Schmerz zu mildern.

Das potentielle Kauterium verursacht eine grosse Verletzung, weil es, einmal angewandt, lange Zeit nötig hat,
ehe es zur Wirkung kommt, da die natürliche Wärme des
Gliedes zunächst lange auf jenes selbst wirken muss, bevor
sein latentes Brennvermögen in Wirksamkeit tritt und
bevor es kauterisiert. Daher spielt sich auch ein langer
Kampf ab zwischen der aktuellen natürlichen Wärme des
kauterisierten Körpers und der potentiellen des Medika-
ments, in dem die Natur oft der schwächere Teil ist.
Ferner entsteht bei dem Zusammenstoss der Lebensgeister[2]
und Flüssigkeiten ein andauernder Schmerz, der nach
Galen die Widerstandsfähigkeit erschöpft, wie es anderswo
heisst, deswegen weil er ebenfalls aus dem ganzen Körper
die schlechten Säfte anzieht (Galen „de ingenio"[3] etc.),
daher die entfernten Körperteile in Mitleidenschaft zieht
und notwendigerweise einen Abscess an der Kauterisationsstelle hervorruft. Ferner dauert die Verletzung durch das
Kauterium länger, weil ein so lebhafter Schmerz und ein
Abscess sich nicht sofort beheben lassen und weil jedes

---

1. Hier liegt wohl eine Verwechselung mit Almansor vor, die man
in einer Zeit, wo Bücher selten waren u. man nicht so leicht wie heutzutage seinem Gedächtnis aus Encyklopädien etc. zu Hilfe springen
konnte, dem Verfasser nicht sehr übel nehmen darf.

2. Wir dürfen nicht vergessen, dass H. de Mondev. in jener Zeit
lebte, wo die Arterien nach Galen mit pneuma-spiritus angefüllt gedacht
wurden.

3. De ingenio sanitatis ist der latinobarbarische Titel eines Ab-
schnittes der megategni d. i. der ϑεραπευτιχὴ μέϑοδος.

kaustische Medikament gewisse giftige Eigenschaften besitzt, davon bösartige Wirkung im Körper zurückbleibt.

ad. 4. Vergleich der aktuellen Kauterien unter einander.

a) Vergleich der aktuellen Kauterien mit den potentiellen,

b) der aktuellen unter einander,

c) der potentiellen unter einander.

ad. a) Vergleich der aktuellen Kauterien mit den potentiellen.

Aus dem schon über Aehnlichkeiten und Unterschiede gemachten und noch zu machenden Ausführungen geht hervor, dass das aktuelle Kauterium besser, sicherer und nützlicher ist aus 10 Gründen:

1. Es verletzt weniger.

2. Die Verletzung dauert nicht so lange.

3. Es zieht nicht so sehr an.

4. Es verletzt die entfernten Glieder nicht.

5. Es lässt sich bei mehr Krankheiten anwenden.

6. Es hinterlässt keine giftigen Eigenschaften, Infektion (quia non imprimit in membro aliquas qualitates venenosas) in den Gliedern.

7. Mit einem aktuellen Kauterium kann man nach Belieben mit dem Kauterisieren durch Wegnahme des Instruments aufhören, denn wir halten es in der Hand und kauterisieren nur den Teil, der es nötig hat, ohne die andern in Mitleidenschaft zu ziehen, was alles mit dem potentiellen Kauterium nicht so genau möglich ist.

8. Bei der Möglichkeit, mit dem aktuellen Kauterium verschieden zu operieren, selbst wenn es auf der Kauterisationsstelle appliziert ist, kann der geübte Chirurg die Wirkung des Instruments vermehren oder abschwächen, während das mit dem potentiellen Kauterium nicht möglich ist, da es, einmal appliziert, mit seiner ganzen Kraft wirkt.

9. Beim Kauterisieren in grossen offnen Adern steht zu befürchten, dass man beim Wegnehmen des Instruments gleichzeitig den Schorf, der sich an der Stelle gebildet hat, mit abreisst und dass wir die erwähnte Aderöffnung

blosslegen, was eine Blutung zur Folge haben würde.
Daher auch kauterisiert man hier in der Weise, dass man
das erhitzte Instrument, ohne die Stelle zu berühren, nur
nähert, was sich nie mit einem kaustischen Medikament
auch bei dringendster Veranlassung machen lässt.

10. Nach Razes (Albucasis Kapitel I) ruft ein potentielles Kauterium manchmal eine unheilbare Krankheit
hervor, wie ulcerösen Krebs und manchmal sogar den
Tod, was mit dem aktuellen Kauterium nie eintritt.

b) Vergleich der aktuellen Kauterien untereinander,
d. h. derjenigen, die mit erhitzten Metallinstrumenten vor-
genommen werden.

Man kann da kurz aus der Ansicht der Gelehrten,
des Razes und anderer berühmter Autoren annehmen,
dass das beste Kauterium mit Gold geschieht, dann
mit Silber, schliesslich mit Eisen oder Stahl ceteris
paribus, weil das Gold von wärmerer Komplexion und
reinerem Stoffe ist als das Silber, wie dieses als das Eisen. ·
Nun macht aber je wärmer und reiner der Stoff ist, das
Kauterium auch eine um so geringere Verletzung. Allein
man hat für den Grad der Hitze beim Gold und Silber
keinen Massstab, weil sich durch die Hitze ihre Farbe
kaum ändert, während die des Eisens beim Erhitzen von
schwarz zu weiss übergeht. Ferner kauterisieren diese
Metalle nur, wenn sie genügend erhitzt sind, wenn man
sie aber zu sehr erhitzt, so schmelzen sie und werden
flüssig, das Eisen aber lässt sich sehr hoch erhitzen, ohne
zu schmelzen und flüssig zu werden. Ausserdem erkalten
Gold und Silber, wenn sie vom Feuer entfernt sind, sofort,
was beim Eisen wegen seiner festeren Substanz nicht der
Fall ist. Aus diesen Gründen und in der Befürchtung,
dass diese Unannehmlichkeiten oder noch andere beim
Kauterisieren hindern, macht man sie im allgemeinen mit
Eisen. Wenn aber zufällig ein geschickter Goldschmied,
der Gold- und Silberinstrumente zu erhitzen versteht, da
ist, so liessen sich die Unannehmlichkeiten vermeiden.
Hiernach ist also das bessere und vorteilhaftere Kauterium

wenn es mit Gold geschieht, dann das mit Silber, aber das sicherste ist das Eisen.

c) Vergleich der potentiellen Kauterien untereinander.

In manchen Fällen sind die Ruptorien (d. h. die das Aufbrechen befördernden Mittel, also Zugpflaster und dgl.) den Kanthariden vorzuziehen, in andern umgekehrt. Die Ruptorien sind da mehr am Platze, wo wir von weit her, von einer tief gelegenen Stelle und in längerer Zeit anziehen wollen. Nach dem Abfall des Schorfes schaffen sie viel überflüssige Feuchtigkeit fort; die von ihnen hervorgerufene Brandstelle kann lange offen gehalten werden, schliesslich bilden sie eine feste, trockne, schwarze, dichte Kruste.

Die Kanthariden sind da indiziert, wo wir nur von den unter der Haut gelegenen Teilen, nicht aus der Tiefe, sondern aus der Umgebung und schnell anziehen wollen. Sie bilden keine Kruste, sondern nur eine oberflächliche Exkoriation und heben nur die oberste Hautschicht ab, indem sie mit Flüssigkeit gefüllte Blasen bilden. Sie schaffen wenig aber schnell fort und ihre Wundstelle kann nicht lange offen gehalten werden, sie schliesst sich gewöhnlich schon in sechs Tagen ungefähr.

II. Die bei der Kanterisation zu befolgende Methode. 2 Hauptpunkte

1. bei den aktuellen,
2. bei den potentiellen

Kauterien.

Aktuelle Kauterien.

Die Methode der aktuellen Kauterien umfasst drei Punkte, entsprechend den 3 verschiedenen Absichten, die der Operateur haben kann.

a) Gewisse Bedingungen, die der kunstgerechten Ausführung der Kauterisation vorhergehen müssen.

b) Die Art, wie die Kauterisation gemacht wird.

c) Die Behandlungsweise nach geschehener Anwendung.

ad a) Ueber den ersten Punkt giebt es 9 Hauptregeln:

1. Bevor man irgendwo eine Kauterisation vornimmt, muss man, wenn das Individuum vollblütig ist, es hinreichend purgieren lassen und jede Art von Hilfsmitteln anwenden, wie Salben und dergl.

2. Der Kauterisateur muss die Anatomie, die Zahl, die Stelle, die Beschaffenheit und die Funktion der kranken, zu kauterisierenden Teile genau kennen, ebenso die Bedingungen, die Gründe, den Verlauf und die Dauer der Krankheiten der Organe, für die kauterisiert wird, wie auch die Konstitution des Kranken, weil in verzweifelten Fällen ein Kauterium selten Nutzen bringt.

3. Da, wo ein heftiger aber erträglicher Schmerz besteht, die genügende Abführung und die Anwendung von lokalen Heilmitteln, die der Kunstlehre zufolge nützlich sind, nicht lindern, ist nach Erfüllung der notwendigen Vorbedingungen gewöhnlich das aktuelle Kauterium indiziert.

4. Ein Kauterium wird man bei einem vollsäftigen Menschen niemals anwenden, ohne vorher einen kunstgerechten Aderlass und ein mässiges Fasten oder alle beide Mittel versucht zu haben, denn in der That sind die guten Säfte in der Regel Säfte des Blutes, für die eine Entleerung durch Aderlass und Fasten besonders angezeigt sind. Daher ist ein Kauterium in diesem Fall schädlich, wenn ihm nicht diese beiden Mittel vorangegangen sind.

5. In die fleischigen Teile soll das Kauterium tief eindringen, bei den nerven- und gefässhaltigen soll man nur die Haut durchbohren, wie am Ellenbogen, Knie etc., weil, wenn das Kauterium einen bedeutenderen Nerv berührt, dieser sich zusammenziehen, und wenn es auf eine grössere Vene oder Arterie trifft, eine Blutung eintreten wird.

6. Sollte nach gehörigen Entleerungen gleichmässig die Säftemischung noch lange schlecht im ganzen Körper

bleiben, so appliciere man ein Knotenkauterium in die unter dem Knie gelegene Fontanelle (Ableitungsstelle), und wenn nach genannten Entleerungen eine schlechte Mischung der Säfte in irgend einem isolierten Organ fort besteht, so mache man eine Kauterisation in der unmittelbar unter diesem Organ gelegenen Fontanelle.

7. Aus welcher Veranlassung und auf welche Art man eine Kauterisation vornehmen mag, so hat sie, vorausgesetzt, dass sie kunstgerecht gehandhabt würde, entweder volle Wirkung oder gar keine oder wirkt zwar offenbar, aber nicht genügend. Wenn sie ganz wirksam ist, ist keine Wiederholung nötig, wenn sie ohne Erfolg bleibt, obschon sie regelrecht gemacht ist, man den Patienten hat purgieren und die örtlichen Hilfsmittel hat anwenden lassen, etc. und gleichwohl die Krankheit danach bleibt wie sie zu Anfang war, so wiederhole man die Kauterisation nach dem Aphorismus des Hippocrates im Abschnitt 2: „Man muss alles methodisch machen." Vor der Wiederholung jedoch verordne man dem Patienten eine nahrhafte Diät mit gutem Wein, um seine durch die vorherige Kauterisation geschwächte Lebenskraft zu stärken. Dann soll man ihn noch ein-, zweimal purgieren lassen, hiernach kauterisieren und eine der Ursache der Erkrankung entgegenwirkende Lebensweise für die Dauer verordnen. Wenn man so hintereinander und nötigenfalls mehreremals verfährt, wird man jede Krankheit heilen, denn der Tropfen höhlt den Stein etc. . Hat das Kauterium nur einen teilweisen oder unvollständigen Erfolg gehabt, so sieht man daraus, dass man die zurückbleibende Dyskrasie bessern kann, wenn man es regelrecht wiederholt. Man muss dann die Kauterisation in der Ader und an der früheren Kauterisationsstelle wiederholen, oder an einer andern günstigen Stelle.

8. Die achte Regel ergiebt sich aus dem, was über die Aehnlichkeit und Verschiedenheit der aktuellen und potentiellen Kauterien gesagt wurde und lautet: Man mache niemals ein Kauterium mit einem kaustischen Medikament, wofern ein anderes für die Heilung genügendes Mittel sich

auffinden lässt, das der Kranke leicht ertragen kann, er müsste denn so schwachmütig sein, dass er ein Brenninstrument auf keine Weise aushalten will, oder er müsste von sehr kalter und feuchter Komplexion sein. Das potentielle Kauterium infiziert und verdirbt in der That durch die Art seiner Komplexion, die giftig ist, die Komplexion des Gliedes, auf dem es liegt, wofern es daselbst nicht ein energisches Kontrarium vorfindet, wie z. B. intensive Kälte mit grosser Feuchtigkeit und wofern es nicht im Winter und fern von den Hauptorganen am Rumpfe und vom Herzen stattfindet.

9. Die neunte Regel ergiebt sich ebenfalls aus dem Vorhergehenden. Wenn auch das aktuelle Kauterium, wie man gesehen hat, für die Behandlung der Krankheiten von warmer und trockner Materie passt, so darf man doch in diesem Falle ein potentielles Kauterium von welcher Komplexion der Kranke oder die Krankheit auch sein mag niemals machen, weil dies nach der Zerstörung des schädlichen Krankheitsstoffes durch die lange Dauer seiner Wirkung die trockne und warme Dyskrasie des Körpers verstärken würde.

B. Wie das Kauterium gemacht wird.

2 Punkte.

a. Von den Formen der gewöhnlichen Instrumente, mit denen man die Kauterisation zu machen pflegt, da man sie ja ohne Instrumente natürlich nicht machen kann.

b. Wie die Kauterien mit den genannten Instrumenten gemacht werden.

ad. a. Ueber den ersten Punkt giebt Rhases im Albucases vielfache und mannigfaltige Formen von Instrumenten an. Meister Wilhelm von Saliceto[1] zählt deren nur 6 auf und Meister Lanfranc[2] 10. Obgleich beide für ihren Zweck die gewöhnlichen Formen in genügender Weise anführen, so hat doch keiner die besonderen Formen in genügender

---

1. Der bekannte etwa 1280 verstorbene Chirurg.
2. Lanfranchi stammte aus Mailand.

Weise angegeben. Es ist dies auch kein Wunder, denn
alle Tage stellen sich neue Fälle dar, in denen wir neue
Instrumente und Erfindungen nötig haben. Die Formen
aber, die sie selbst den Operateuren empfehlen, sind Muster,
nach denen diese sich vorkommenden Falls ein oder mehrere
für ihren Zweck angepasste Instrumente anfertigen lassen
müssen, indem sie zu jenen Formen etwas hinzufügen oder
weglassen, oder indem sie gänzlich von ihnen abweichen
nach ihren eigenen Ideen und nach dem, was ihnen in jedem
Falle vorteilhaft erscheint, denn Bücher können nicht alles
enthalten, was in der Praxis notwendig wird; und es zeugt
auch in der That von einem recht armseligen Geist, immer
nur das bereits Erfundene zu benutzen und nichts Neues
dazu zu erfinden nach dem Ausspruch des Damascenus,[1]
der im zweiten Aphorismus des dritten Teils sagt: „Das
natürliche Genie unterstützt die Kunst und umgekehrt."
Der Kauterisierende kann und muss also nach seinen
verschiedenen Absichten und nach den verschiedenen Formen
und der Gestaltung der Glieder, an denen er operieren will,
seine Instrumente zweckentsprechend verändern. Bis jetzt
sind die gebräuchlichsten Formen 7 an der Zahl. — Das
erste und gewöhnlichste ist das, mit dem man das sogenannte
Knotenkauterium vornimmt, das gewöhnlich niedere Heil-
künstler und Laienpraktiker anwenden. Gemeinhin legt
man auf die zu kauterisierende Stelle eine kalte, in der
Mitte durchlochte Eisenplatte oder bei den Landleuten an
der Platte ein in ähnlicher Weise durchlochtes Stück
Schuhsohle, um durch dieses Loch das kauterisierende Instrument einzuführen und zwar aus 3 Gründen. 1. Damit
das Instrument nicht von der bezeichneten Stelle, wo die
Kauterisation gemacht werden soll, abgleitet; 2. um die
benachbarten Teile vor der Verbrennung zu schützen und
zu behüten; 3. damit diese Platte mittels eines an dem

---

1. Gemeint ist Janus Damascenus, d. i. der latinobarbar. Name für
Serapion sen, einen Syrer vom 9—10. Jahrh. p. Chr., u. seine practica (Vgl.
Choulant, Handbuch der Bücherkunde p. 345).

kauterisierenden Instrument angebrachten um $\frac{1}{3}$ grösseren Pflockes dasselbige hindert, tiefer als nötig einzudringen.[1] Die 2. Form ist das Instrument, mit dem man das Haarseilkauterium macht. Man fasst oberflächlich die Haut und das Fleisch mit einer breiten, an der Stelle, wo man das Kauterium machen will, durchlochten Zange. Durch die Löcher und das durch die Zange gefasste Fleisch treibt man einen dünnen glühenden Eisenstab und zieht ihn sofort wieder zurück, dann ziehe man mit Hilfe eines kalten mit einem Nadelöhr versehenen Eisens eine wollene Schnur hindurch. Dann zieht man das Eisen heraus und lässt die Schnur, nachdem man sie verknotet hat, so lange darin, als das Kauterium dauert.

Die 3. Form ist das sogenannte runde Instrument, mit dem man ein oberflächliches und nicht tiefes Kauterium macht, weil es, wenn man es z. B. über Nerven macht, gewissermassen nur die Haut kauterisiert. Es hat an seinen beiden Enden eine gleiche Form, an dem einen ist es gross, am andern klein, um mit ein und demselben Instrument ein grosses und ein kleines Kauterium machen zu können.

Die 4. Form ist das Instrument, mit dem man kleine Kauterien oder solche von geringem Umfang vornimmt, wie z. B. die, die man zuweilen und an manchen Stellen nach dem Ausziehen von Haaren macht, um ihr Nachwachsen zu verhindern. Man kann dieses feine Instrument Punkt- oder Nadelinstrument nennen. Seine Form ist so oder so (Fig. fehlt).

Die 5. Form ist das Instrument, mit dem man längliche, zuweilen tiefe und grosse Kauterien macht; man nennt es Messer-, Oliven- oder Zungeninstrument. Es ist

---

1. Die lat. Handschrift Paris Bibl. Nat. fol. 1487 hat: ut mediante quodam obstaculo grossi tertia ori quod est instrumento cauterizando dicta plata ipsum prohibeat plus debito profundari." Pagels Ausgabe von 1892 sagt dafür: „ut med. quodam obst. grossiori, quod est in instrumento cauterizante, dicta plata ipsum prohibeat plus debito perforari." Vielleicht ist zu lesen: ut med. quod. obst. tertia grossiori, quod est instrumento cauterizanti etc.

2*

zuweilen dünn, zuweilen dick, breit und tief und sieht so aus (Fig. fehlt).

Die 6. Form ist ein feines Instrument, wie ein Stäbchen oder Sonde, das man nach der Erhitzung auf die zu kauterisierende Stelle durch eine rohrförmige Kanüle von kaltem Eisen bringt, das die benachbarten Teile schützt, damit sie nicht beim Einführen des erhitzten Stäbchens durch seine Glut verbrannt werden. Es ist am Platze, wenn man ein Kauterium in den Nasenlöchern oder im Munde macht und sieht so aus (Fig. fehlt).

Die 7. Form ist das sogenannte Fingerinstrument, das in einer Eisenplatte von beliebiger Grösse besteht, in dessen Mitte sich ein fingerähnlicher Ansatz befindet. An den Rändern befinden sich noch mehrere den ersten ähnliche Ansätze, 3, 4, 5 oder mehr, je nach Bedarf. Beim Kauterisieren legt man zwischen dieses Instrument und die zu kauterisierende Stelle eine kalte Eisenplatte, in der sich ebenso viele Löcher befinden, wie Ansätze an dem ersten Instrument. Diese Löcher passen zu den Ansätzen und entsprechen ihnen in ihrer Lage dergestalt, dass die erhitzten Ansätze genau und leicht zu dem zu kauterisierenden Gliede durchgehen können. Die Zwischenteile der Platte schützen das Glied und hindern, dass an andern als an den richtigen Stellen gebrannt wird. Man macht so mehrere Kauterien durch eine Berührung. Dieses Instrument kommt am häufigsten bei Schmerzen der Hüfte oder Ischias in Anwendung und hat diese Form . (Fig. fehlt).

b) Die Art zu kauterisieren mit diesen oder den andern etwa nötig werdenden Instrumenten besteht darin, dass man die Stelle sucht, wo man das Kauterium anlegen muss, indem man durch einen mässigen Druck mit der Pulpa des Zeigefingers palpiert, dann sie sich mit Tinte bezeichnet und darauf vorliegenden Falls die nötige Platte auf die Stelle so auflegt, dass die Tintenmarke mitten in dem Loche sichtbar wird. Dann drückt man die Platte fest an und während der Patient nach der entgegengesetzten Seite

sieht, reicht der Gehilfe dem Meister das stark erhitzte
Instrument. Dieser führt es durch das Loch der Platte
bis zur Genüge ein. Wo die Platte nicht nötig ist, geschicht das Kauterium ohne sie.

c) Ueber die Art, das Kauterium, nachdem es einmal
wo, wann und wie es musste, nach den Regeln der Kunst
gemacht ist, weiter zu behandeln.

Zu bemerken ist, dass man sofort irgend ein Sedativum
von Salbe, wie Nierenfett oder Butter, oder irgend ein den
Brand linderndes kaltes Mittel auflegen muss. Ist aber
die Hitze gelindert, so wende man Suppurativa an, z. B.
altes Nierenfett, erweichende Breiumschläge (pultes marcentinae)[1] und ähnliche Substanzen, bis der durch das
Kauterium gebildete Schorf sich löst. Dann führt man
eine kleine Erbse in das Loch und drückt kräftig zusammen, so dass sie sich in das Kauterium einsenkt. Später
nimmt man die Erbse wieder heraus und legt an ihre
Stelle eine ebenso grosse Kugel von trockenem Epheu-
oder anderm ähnlichen Holze und lässt sie dauernd darin
von dem Augenblicke an, wo das Kauterium anfängt, Eiter
abzusondern, bis an sein Ende, abgesehen davon, dass
man bei jedem Verband d. h. 2 mal täglich sie heraus-
nimmt und mit einem Stück reiner und trockner Leinwand
abwischt. Direkt auf das Kauterium kann man ein
Stück ungefähr 12 mal glatt gefalteter Leinwand und
darüber einige Epheu-, Ampfer- oder Weinblätter legen,
auf welche man dann irgend eine mit einer Lederschnur
festgehaltene Metallplatte von Gold, Silber, Kupfer oder
eine hörnerne oder auch wohl eine Schuhsohle legt,

---

1. Antidotarius cap. I pag. 512.
„Pultes sunt confectiones locales ex farina et aqua aut succis et oleo
aut melle simul coctis." u. Antid. cap. III pag. 527.
„Pultes, quibus utuntur antiqui cyrurgici tamquam resolutivis
vulnerum calidorum — sed magis videntur mihi mitigativae et saniei
generativae, et hoc est quia super omnia antiqui cyrurgici delectantur —
fiunt ex 4 partibus aquae cum qua incorporetur farina tritici, quantum
sufficit, quibus incorporatis addatur olei pars 1, coquatur donec sint sicut
pasta mollis et tepidae applicentur.

um das Kauterium gegen Schädlichkeiten von aussen zu schützen.

Jedes Kauterium muss genau 3 Monate fliessen, abgesehen wegen eines weiter unten bezeichneten Grundes. Wenn man es nämlich länger fortsetzt, dann verursacht man einen von folgenden beiden Uebelständen oder meist alle beide zugleich: 1. zieht es, wenn man es offen hält, nachdem seine Brennkraft erschöpft ist, alle Arten von Feuchtigkeiten, nicht bloss schlechte, sondern auch gute, zumal wenn sie flüssig und fein sind, an seine Stelle, und damit stellt sich dann der Schmerz, gegen den das Kauterium gemacht worden war, wieder ein. In zweiter Linie verursacht es bei den Kranken eine schlechte Gewöhnung, indem es nach dieser Stelle hin einen besonderen Säftefluss zieht, dem der Patient nicht imstande ist zu widerstehen. Er wird das Kauterium nicht aufgeben können, wann er will, und wenn er es könnte, würde er es nicht wagen, weil, wie Meister Arnold in seinen Aphorismen Lehre 5, und wie es auch die Vernunft sagt, eine sehr eingewurzelte Unterbrechung des Zusammenhangs (solutio continuitatis) nicht geheilt werden darf aus Furcht vor einem noch schwereren Uebelstande, wofern der Säftefluss, der sich dorthin zu richten pflegt, nicht durch eine andere gleichwertige und nahe Stelle entfernt wird. Ausserdem geht der Umstand, dass man ein Kauterium nicht über die oben genannte Frist ausdehnen darf, abgesehen von einer begründeten Ursache, daraus hervor, dass von diesem Augenblick an sein ganzer Wert und seine brennende Kraft aufgebraucht ist. Es darf von dem Zeitpunkt ab gar nicht mehr Kauterium heissen, sondern vielmehr eine Verletzung, die man den Schriftstellern zufolge heilen muss.

In der That ist es dann nicht mehr nützlich, sondern im Gegenteil schädlich, ausgenommen allein in 2 Fällen, 1. wenn in dem Körper noch viele schädliche Säfte vorhanden sind, die das Kauterium in dem oben angegebenen Zeitraum nicht hat aufzehren können, und wenn ausserdem der Patient zu schwachmütig ist, um die Erneuerung des

Kauteriums in irgend einer Weise zu ertragen. In diesem Falle ist es in der That vorzuziehen, das Kauterium über die nötige Zeit hinaus laufen zu lassen, wie ein Ulcus, als die überflüssigen Säfte in dem Körper zu belassen. Der zweite Fall, in dem ein Kauterium während einer unbegrenzten Zeit offen gehalten werden kann, mag nun der Patient mutig oder schmachmütig sein, ist, wenn das Kauterium schon viel länger als die festgesetzte Frist gelaufen hat, so dass es durch seine lange Dauer zu einer Gewohnheit geworden ist, wofern auch nicht viel überflüssige Säfte in dem Körper vorhanden sind. Dieser hat nämlich durch eine lange Gewöhnung die Gewohnheit angenommen, sich durch das Kauterium zu reinigen, welches nun nützlich ist, zwar nicht in seiner Eigenschaft als Kauterium, sondern wie ein altes Ulcus und wie das „malum mortuum"[1] oder eine veraltete Fistel und dergl., die nicht geheilt werden dürfen, nützlich sein würden. Wenn das Kauterium zu dem oben angegebenen Termine geschlossen werden muss, so müssen wir es von selbst sich schliessen lassen ohne chirurgische Hilfe, es müsste dann etwa wildes Fleisch über die Oberfläche der umgebenden Haut gewachsen sein, in welchem Falle wir irgend ein schwaches Korrosiv anwenden müssen, bis das gewucherte Fleisch abgeätzt ist und das Kauterium sich schliesst.

Ein so geschlossenes Kauterium, das kunstgemäss und gut gemacht und behandelt worden ist, hat nun also entweder keinerlei Nutzen gehabt, oder aber es ist vollständig und genügend nützlich gewesen, oder es ist merklich nützlich gewesen, ohne indessen seinen Zweck vollständig zu erreichen. Wenn es nichts genützt hat, obwohl es kunstgemäss gemacht ist, mag man es, wenn man will, noch einmal machen, wie es in der 7. Regel gesagt worden ist.

---

1. Malum mortum das tote Uebel, der Totenbruch, der Oelschenkel, ein aussatzähnlicher Ausschlag mit schwarzen übelriechenden Pusteln, welche rote trockene Flecken zurücklassen (Kraus, kritisch etymol. med. Lexikon 3. Aufl. 1844 p. 589).

Hat es aber alles erfüllt, was man von ihm erwartete, so wird man es nicht erneuern. Ist es zwar nützlich gewesen, aber nicht genügend, so wird es von Vorteil sein, es zu erneuern, d. h. wenn es an dem gewünschten Platze lag und keinen Schmerz verursachte, so wird man es genau in derselben Weise noch einmal machen; befand es sich dagegen an einer schlecht gewählten Stelle oder verursacht es dem Patienten zu heftige Schmerzen, dann wird man es in der Nähe von seinem ersten Platze in derselben Fontanelle und demselben Kanal, an der Stelle, wo es beim ersten Male hätte sein sollen, noch einmal machen, auch wohl in einer andern Fontanelle oder in einem benachbarten Kanal oder in einem andern, der für den Fall, der das erste Kauterium notwendig gemacht hatte, vorzuziehen ist.

Potentielle Kauterien.

Sechs Punkte:

a) Vorbereitungen zu den Kauterien.

b) Medikamente, mit denen man sie macht.

c) Krankheiten, für die sie passen.

d) Kranke, bei denen man sie machen muss.

e) Art der Operation.

f) Wie man sie nach ihrer Applikation zu behandeln hat.

ad. a) Bei den Vorbedingungen mag sich der Operateur an die neun oben unter den aktuellen Kauterien angeführten Hauptregeln halten und mag aus ihnen entnehmen, was ihm für den vorliegenden Fall passend zu sein scheint.

ad. b) Die Medikamente, mit denen man sie gewöhnlich macht, sind folgende: 1. Das Ruptorium, zusammengesetzt aus 4 Teilen ungelöschten Kalk und 1 Teil Pfannen- oder Kasseroleruss mit französischer Seife bis zur Konsistenz oder Härte des Wachses gemischt. Kantharidin mit Hefe und Essig vermischt oder auf Sauerteig gestreut und im Augenblick der Anwendung mit Essig angefeuchtet. Flammula[1] und pes corvi[2] zusammen od. getrennt verrieben, das Marsilium oder Lupinenblätter zerrieben und aufgelegt, bilden einen dicken und tiefen Schorf. Die Spitze eines Laufs, von dem man die äusseren Schuppenblätter entfernt und die beiden Enden abgeschnitten hat, wie auch einige andere einfache oder zusammengesetzte Substanzen, die vollständiger in dem Antidotarium im Kapitel: „Ueber die corrosiven Medikamente" angeführt werden sollen.

ad. c u. d. Die Krankheiten und die Kranken, für die diese Kauterien angezeigt sind, sind die sehr kalten und feuchten. In der That würde die Komplexion dieser Kauterien die Komplexion des Gliedes, auf dem sie liegen, zerstören, wenn sie dort nicht ein sehr starkes Kontrarium, wie intensive Kälte und Feuchtigkeit anträfen.

ad. e Art der Applikation.

Man mache aus dem Ruptorium eine runde Kugel von der nötigen Grösse und lege sie auf die zu kauterisierende Stelle, die man auf die angegebene Weise bezeichnet hat, befestige sie mit einer Bandage und lasse sie 12 Stunden liegen. Die Art und Weise, die andern Kauterien anzuwenden, erfordert keine grosse Kunstfertigkeit, ausser der Lauchzahn (dens allii). Um diesen zu applizieren, mache man an der zu kauterisierenden Stelle einen Einschnitt und führe den ganzen Zahn in die Spalte ein. Dies Verfahren kommt da in Anwendung, wo der Patient sich vor dem heissen Eisen mehr fürchtet als vor dem Schneiden. Die weitere Behandlung eines derartigen Kauteriums, welches mit einem Ruptorium oder Lauchzahn gemacht ist, ist ebenso wie beim aktuellen Kauterium. Ebenso steht es überhaupt mit allen Medikamenten, die einen grossen und dichten Schorf machen.

Die Behandlung der oberflächlichen Exkoriationen und durch Kanthariden gezogenen Blasen etc. besteht darin, dass man nach Entfernung der kauterisierenden Mittel die

---

1. Flammula ist = hedera Ephen cfr. Antidotar § 6 p. 558 (ed. Pagel).
2. pes corvi Rabenfuss = Froscheppich apium ranarum (l. c. § 194 [c] p. 574).

Blasen so öffnet, dass die seröse Flüssigkeit freien Abfluss hat. Dann lege man Kohl — oder ähnliche Blätter darauf und wechsele diese Blätter 2 mal täglich, bis vollständige Trockenheit und Vernarbung eintritt.

Dritter Hauptpunkt.

Von den Stellen, den Vorteilen und Krankheiten, bei welchen und gegen welche man Kauterisationen vornimmt.

2 Punkte.

1. Jede von diesen Fragen im Allgemeinen oder besonders.

2. Beide spezieller und zusammen.

1. Die Stellen, an denen man im Allgemeinen die Kauterien vornehmen muss. Zu bemerken ist, dass die auf dem Rücken gegen einen frischen, heftigen und unerträglichen Schmerz gemachten, vorausgesetzt, dass die Stelle nur klein ist, auf der schmerzhaften Stelle, wo sie auch sein mag, appliziert werden müssen. Aber die, die man an den 5 vom Rumpfe entfernten Gliedern, dem Kopf, den Schenkeln, den Armen und weiter nach unten macht, müssen verschieden angebracht werden, z. B. macht man am Kopf in der Regel aus 6 Veranlassungen Kauterien. 1. Um die Dünste entweichen zu lassen. 2. Um einen veralteten Katarrh zu heilen. 3. Um eine schädliche, nach dem Kopfe strömende Feuchtigkeit aufzufangen. 4. Um eine schon angesammelte Feuchtigkeit fortzuschaffen. 5. Um nervenreichen Gliedern zu nützen. 6. Um bei gewissen Krankheiten irgend eines Organs des Kopfes, wie Augen und Ohren etc. nützlich zu sein.

Die aus den beiden ersten Gründen angewandten Kauterien müssen in der vordern oberen Fontanelle gemacht werden in der Koronar- und Sagittalnaht, wie man später sehen wird, deswegen weil die Dünste und Gase, die die Katarrhe verursachen, gewöhnlich nach oben steigen. Die aus den 4 letzten Gründen vorgenommenen Kauterien werden am häufigsten in der Halsfontanelle und manch-

mal in den den kranken Gliedern benachbarten Fontanellen
gemacht.

Die Kauterisation an den Beinen, Armen u. s. w.
geschieht meist aus 3 Veranlassungen. Um die Gesundheit
des ganzen Körpers wiederherzustellen gegen die Krankheiten der Schenkel und der Arme und der Partien weiter
unten und gegen die Krankheiten gewisser anderer Organe,
wie an den Armen gegen Augenkrankheiten, an den Beinen
gegen Erkrankungen der Genitalien und der Hüfte. In
der Regel muss man sie zwischen dem Körper und den
kranken Teilen anwenden; wenn ein Gelenk der leidende
Teil ist, 3 Finger breit davon entfernt auf das leidende
Glied, d. h. in den Adern oder Kanälen, durch welche die
Feuchtigkeiten vom Körper zu den vorgenannten Gliedern
herabfliessen. Von diesen Adern oder Kanälen finden sich
8 bei jedem Gelenk, 4 oberhalb und 4 unterhalb, zwischen
den beiden Muskelenden an Stellen, die sich sofort anato-
misch auffinden lassen, wenn man mit der Fingerkuppe
palpiert.

Von den allgemeinen Vorteilen der Kauterien. Dies
sind die einzigen, von denen wir hier sprechen wollen, weil
wir hier die andern Vorzüge der Kauterien, von denen
wir in diesem Kapitel nicht handeln, bei Seite lassen wollen.
Es giebt deren 2. Der erste ist, dass sie die durch irgend
einen schlechten in ihm angesammelten Stoff gestörte Komplexion des Gliedes ändern und bessern. Sie lösen ihn
nämlich auf und verzehren ihn. Infolgedessen hört die
Krankheit auf, da, wenn die Ursache aufgehoben ist, auch
die Wirkung aufhört und somit das kranke Glied wieder
hergestellt ist, wie z. B. Kopf und Gehirn, da sie sehr
trocken sind, durch ein am Hinterkopfe gemachtes Haarseilkauterium wiederhergestellt werden.

Der zweite Nutzen ist der, dass sie die in irgend
welchen Gliedern angesammelten schlechten Stoffe auflösen
und verzehren, z. B. an einem durch eine kalte und gasige
Materie geschwollenen Knie, wenn man an ihm ein oder
mehrere Kauterien vernimmt. Kurz es existiert kein so

energisches Mittel, die überflüssigen Feuchtigkeiten wegzuschaffen, als das aktuelle Kauterium, wenn das Feuer
stark ist und in genügender Menge, um sie zu bewältigen,
vorausgesetzt, dass seine feurige Kraft nicht erstickt wird.
Wenn aber das Feuer schwach und das Kauterium klein
und nur an Stellen mit grossen Flüssigkeitsmengen ist, so
genügt es nicht und verzehrt nicht, so wenig wie ein
wirkliches kleines schwaches Feuer viel grünes Holz ver-
brennen kann.

Krankheiten, bei denen im Allgemeinen das aktuelle
Kauterium angezeigt ist. Um kurz zu sein, lassen wir die
Ansichten und Meinungen, die man von hier und da über
diesen Gegenstand anführen könnte, bei Seite. Ich nehme
an, dass das aktuelle Kauterium bei jeder materiellen
Krankheit, von welcher Komplexion die Krankheit, das
Glied und der Kranke sein mögen, nützlich ist. Namentlich
aber ist es angebracht bei einer Komplexion und Krankheit von feuchter und kalter Materie wegen des Gegen-
satzes seiner aktuellen Hitze und seiner schliesslichen
Trockenheit, die es in das betreffende Glied und den be-
treffenden Körper einführt, da ja die Behandlung durchs
Gegenteil immer vorteilhaft ist. Es passt auch, wenn auch
nicht in gleichem Masse, bei Krankheiten von warmer und
feuchter Materie, wie der Blutstoff, oder von warmer und
trockner, wie die Galle, oder von kalter und trockner,
wie die Melancholia (Schwarzgalle). In der That bringt
das Feuer durch die Kraft seiner Wirksamkeit den Stoff,
der die Ursache der schlechten Komplexion und der lange
in dem Gliede existierenden Krankheit war, zur Auflösung
und schafft ihn fort. Das ist aber nicht eine Behandlung
durch ein Agens entgegengesetzter Komplexion, wenn
hier das Feuer eine schlechte Komplexion mit warmer
Materie heilt, aber wohl eine Behandlung mit einem
Kauterium hinsichtlich der Wirkung, ebenso wie die warmen
Medikamente, die die Galle fortschaffen, das Wechselfieber
und die andern warmen Krankheiten heilen, weil nach
Wegschaffung ihrer schädlichen Stoffe die Krankheiten aufhören. Das ist die Ansicht des Rhases im Albucases

cap. I, wo er sagt, dass er manchmal beobachtet hat, dass
das aktuelle Kauterium bei Krankheiten von warmer und
trockener Materie nützlich ist, bei denen es am meisten
angezweifelt wird und in dem er seine Ansicht und den
Grund für diese Thatsachen angiebt, weil nämlich, wenn
man das Feuer mit dem menschlichen Körper und seinen
überflüssigen Säften vergleicht, diese mögen sie auch an
und für sich warm sein, doch im Vergleich mit dem
aktuellen Feuer kalt sind und weil somit die Behandlung
durch das Kauterium geschieht.

Was die nützlichen Stellen und die Krankheiten be-
trifft, von denen oben im Allgemeinen die Rede gewesen
ist, so ist nun im Speziellen zu bemerken, dass das an
der vorderen Fontanelle des Kopfes — d. h. da, wo der
Mittelfinger des Patienten endigt, wenn er die Handwurzel
zwischen Stirn und dem oberen Teil der Nase oder der Nasen-
wurzel anlegt — gemachte Kauterium, nachdem man, wie
gesagt, alle Entleerungsmittel und die örtlichen Heilmittel
angewandt hat, gut ist gegen veralteten Kopfschmerz,
Epilepse, gegen Lähmung, Zittern, Stupor, alle nervösen
Krankheiten, die aus der Nachbarschaft des Kopfes kommen,
für alle kalten und feuchten Krankheiten, wie Migraine,
jede Art Ohnmacht (scotoma), Schwindel, Schlafsucht,
Benommenheit, das Befallenwerden irgend eines Gliedes
von Katarrh, gegen Zahn-, Zahnfleisch-, Hals-, Brust-
Lungen- und Magenschmerzen, gegen Schmerzen und Röte
der Augen, der Lider, Ohren, Nasenlöcher, gegen Husten
und Fluss im Leib in Folge von veraltetem Rheuma. Man
kann es mit dem Messer- oder mit dem leichter eindringen-
den Knotenkauterium machen. Genügt einmal nicht, so
mache man es 2, 3, 4 mal, bis man auf die Hirnschale
kommt und halte es beständig mit einer Kugel aus weissem
Wachs offen, bis der Schädelknochen sich an der Oberfläche abblättert, so dass die unter der Hirnschale angesammelte Materie entweichen kann. Erreicht man sein
Ziel auf die eben beschriebene Weise beim ersten Male
nicht, so wiederholt man das oder die Kauterien, wie ich

es ein ganzes Jahr lang, einmal monatlich, bei einem fast
blinden Menschen gethan habe, der völlig genas. Alle
Schriftsteller rühmen einmütig die guten Wirkungen dieses
Kauteriums, insbesondere Johannes Mesuë in seiner „practica"
5. Buch Abschnitt I, Teil 2, am Ende des Kapitels von
den Behandlungen der Augenkrankheiten.

In allen oben erwähnten Krankheiten ist es angebracht,
wenn der Kopf derartig voll ist, dass dies Kauterium nicht
genügt, wie bei den Köpfen der Leprakranken, 2 Kauterien auf den beiden Kopfhöckern oder auf den höchsten
Kegeln, d. h. auf den schuppigen Nähten, wo die beiden
Scheitelbeine sich mit den Felsenbeinen verbinden, zu
machen, und zwar mit dem oben erwähnten Knoteninstru-
ment. Für alle diese Krankheiten passt auch ein oberflächliches Kauterium am Hinterkopf, da, wo das Rücken-
mark aus dem Gehirn entspringt. Ein Knoten oder
Haarseilkauterium, das man unter dem Hinterkopf
zwischen Hals und Haar macht, passt für alle katarrh-
alischen oder humoralen d. h. mit Absonderung, Sekretion,
verbundenen Augenkrankheiten, für nervöse Krankheiten,
wie Epilepsie etc., und für veraltete Kopfschmerzen. Die
runden unter der Ohrwurzel oder in irgend einer beliebigen
Stelle ums Ohr herum passen ebenfalls für humorale
Krankheiten der Ohren, Augen und für Zahnschmerzen.
Dasselbe gilt von dem Kauterium, welches quer über eine
gewisse vor dem Ohrloch zu erkennende Ader und zwar
nach aussen und nach vorne hin gemacht wird. Es ist
dies manchmal von wunderbarer Wirkung gegen den Zahn-
schmerz. Die zwischen den Ohren und der spina colli gemachten Kauterien passen für Thränenfluss, für alle feuchten
Krankheiten der Augen und für eine durch äussere Verletzung des Rückenmarks verursachte Lähmung. Die auf
den Augenlidern mit dem Messerinstrument vorgenommenen
Kauterien dienen dazu, das überflüssige rote Fleisch wegzuschaffen. Aktuelle Kauterien in den Löchern, wo man
ungehörige oder überflüssige Haare weggenommen hat,
verzögern ihr Wiederwachsen. Das Punktinstrument dient

dazu, das wilde Fleisch, das Auswüchse in den Augenwinkeln bildet, zu zerstören; dasselbe dient auch dazu,
die Wucherungen oder den sich in der Nase bildenden
Polypen zu entfernen. Ebenso ist es bei einer Thränenfistel, falls man beim Brennen ihren Grund erreicht, das
letzte Mittel zur Heilung dieses Uebels. Das runde Kauterium unter dem Kinn passt für alle Infektionskrankheiten
des Gesichts, sowie für alle Krankheiten des Mundes und
der in ihm befindlichen Teile. Die runden Kauterien
zwischen 2 Wirbeln des Halses und des Rückgrats passen
als Behandlungs- und Vorbeugungsmittel bei Krampf, in
Folge von Vollsäftigkeit, wenn er bei Wunden und Be-
schädigung des Kopfes und nervenreicher Stellen auftritt
oder droht. Die wenig tiefen Kauterien an derselben Stelle
mit einem runden Instrument passen für Wirbelsäulen-
verkrümmung und für Kreuz- und Nierenschmerzen.
2 Knotenkauterien 3 Finger unterhalb des Schultergelenks,
eins nach innen, eins nach aussen, zwischen den Enden
der grossen Muskeln passen für Schulterschmerzen.
2 Knoten- oder Haarseilkauterien an jedem Arm 3 Finger
über dem Ellenbogengelenk wieder eins nach innen, eins
nach aussen zwischen den Enden der grossen Muskeln und
dem Knochen, passen ebenfalls, das nach innen für die
Krankheiten des vorderen Hirnteils, wie Skotome, Schwindel
und dergl., sowie für alle humoralen Krankheiten der Augen,
Katarakt etc., das nach aussen für die Krankheiten der
hinteren Gehirnpartieen, wie Schlafsucht, Steifheit des
Halses u. s. w., weil es die Halsnerven sehr reinigt.
2 oder mehrere Knotenkauterien zwischen den Enden der
Muskeln und der Vorderarmknochen 3 Finger über dem
Handgelenk passen für Tumoren der Hand- u. Chiragra-
schmerzen. 4 Messerkauterien zwischen den Fingern dienen
nach Beseitigung erwähnten Tumors und Schmerzes zur
Vervollständigung der Behandlung und Verhinderung eines
Rückfalls. Ein Punktkauterium unter der Brustwarze passt
gegen Schmerzen der Schultern und bei einer Auslösung
derselben, wenn sie in Folge von grosser Feuchtigkeit

schlüpfrig geworden sind, die das Glied hindert, nach seiner Reposition in seiner Pfanne zu bleiben.

Ein rundes oder Haarseilkauterium an der Wurzel der Halsgabel oder Kanüle passt für jede Art Atembeschwerden und für alle Lungenkrankheiten. Man macht zuweilen runde Kauterien in der Brustgegend, die für alle Krankheiten dieses Teiles und der Lunge passen. Messerkauterien zwischen den Rippen passen bei Empyem. Ein Haarseilkauterium über der Leber ist angezeigt bei veralteten Krankheiten, jeder Dyskrasie und jedem Schmerze dieses Organes. Aus denselben Gründen macht man über der Milz ebenfalls ein Haarseilkauterium. Ein Haarseilkauterium macht man auch auf dem Magen aus denselben Gründen, sowie bei anhaltender Schwäche dieses Organs. Ebenso macht man ein Kauterium 3 Finger über dem Nabel gegen Nabelschmerz, Kolik und Wassersucht. In den Weichen macht man mehrere runde und kleine Kauterien bei Blasenschmerzen, Kolik, Darmverschlingung und Torsionen. Genau über dem Schambein macht man bald runde, bald halbkreisförmige Kauterien, punktförmige und mehrere andere Arten zur Heilung der Erschlaffung des Bauchfells oder der Hoden, indem man den ganzen Hoden oder nur einen Teil desselben kauterisiert und dabei bis zum Schambein eindringt. An der burṣa testiculorum macht man häufig, ohne jedoch die Testikel zu berühren, ein Haarseilkauterium, um das dort eingeschlossene Wasser und Gas herauszuschaffen. In der Fontanelle unter den Nieren macht man oft ein Haarseilkauterium gegen Schmerzen und Steine dieses Organs. Ueber dem letzten Wirbel des Rückgrats macht man ein Knoten oder Haarseilkauterium gegen Schmerzen an diesen Teilen oder gegen die Hämorrhoiden. Gegen Hüftgelenkschmerzen macht man ein Kauterium um die Hüfte herum mit einem Fingerinstrument mit 3 oder mehr Ansätzen oder man macht gegen das Heraustreten des Femurkopfes infolge von überflüssiger Feuchtigkeit, die die Bänder schlüpfrig macht und lockert und sie durchtränkt, um die scia oder

Hüftkapsel ein kreisrundes Kauterium. Gegen Schmerz und verhärtete Schwellung der Kniee macht man, wenn beide Kniee affiziert sind, 4 Kauterien auf jedem Knie, nämlich in den beiden Fontanellen, welche zwischen den Enden der grossen Muskeln und dem Schenkelknochen 3 Finger oberhalb des Kniegelenks sich befinden.

Abgesehen von diesen Kauterien macht man solche zu denselben Zwecken auf dem Knie selbst oder an jeder Seite beider Kniee mittelst eines Fingerinstruments mit 3 oder mehr Ansätzen, das man sozusagen ohne Verzug[15] in die Tiefe senkt. Ferner 2 Knotenkauterien unter jedem Knie, wenn sie alle beide krank sind, ist nur eins affiziert, unter einem, und zwar in den beiden Fontanellen 3 Finger unter dem Gelenk in jeder Fontanelle eins; diese beiden letzten Kauterien dienen als Heil- und Rettungsmittel für den ganzen Körper, aber in Sonderheit für die Erkrankung der Gelenke. Ein Knotenkauterium 3 Finger oberhalb des Fussknöchels nach aussen hin zwischen den Enden der Muskeln und den Knochen des Beins passt für alle Krankheiten, für welche die Kauterien unter dem Knie gut sind, von denen oben die Rede gewesen ist. Unter dem Knöchel oder unter dem Gelenk zwischen ihm und dem calcaneus nach innen und nach aussen macht man Kauterien an jedem Fusse; nach innen für die Krankheiten der Genitalien, sowohl bei Frauen wie bei Männern; nach aussen für die Krankheiten der Nieren und der Hüfte, dort macht man auch gewöhnlich die Aderlässe an den Hüftadern und den Saphenen. An der Fusssohle zwischen dem dritten und vierten Zehen oder dem kleinen, sowie zwischen dem grossen und dem zweiten Zehen macht man Punkt- oder kleine oder Messerkauterien gegen das Podagra. Man macht diese ebenfalls aus demselben Grunde an den beiden eben bezeichneten Stellen; •
die Kauterien, die man in den Fontanellen unter dem

--- ---

1. Was „sine mina" hier bedeutet, ist unklar; vielleicht ist mora zu corrigieren ohne Verzug.

Knöchel und zwischen jedem Zehen macht, werden so gegen das Podagra gemacht, wie wir vorher gesagt haben, dass man sie an der Hand zwischen den Fingern gegen das Chiragra macht.

IV. Hauptteil.

Vorsichtsmassregeln, die bei einigen Kauterien zu beobachten sind.

1. Die erste besteht darin, dass man eine Eisenplatte zum Schutze der benachbarten Partieen bei jedesmaliger Anwendung eines aktuellen Kauteriums verwendet, es müsste denn etwa ein Haarseilkauterium an einer flachen und freiliegenden Körpergegend, wie am Kopfe, an den Armen, am Schenkel u. s. w. sein.

2. So oft man ein Kauterium an versteckten oder engen Körperstellen macht, wie z. B. an der Thränenfistel, in den Nasenlöchern und im Munde u. s. w., führt man das glühende Instrument durch eine Kanüle ein.

3. Wenn das Kauterium am Kopfe bis zum Schädelknochen vordringt, darf das kauterisierende Instrument nicht lange auf der Schädeldecke verbleiben.

4. Bei den Kauterien zwischen Ohren und Hinterkopf hat man mit grosser Sorgfalt die sichtbaren Venen und Arterien zu vermeiden.

5. Kauterien in den Augenwinkeln und den Augenlidern geschehen mit goldenen Instrumenten.

6. Die Augen und Augenlider soll man nur leicht oberflächlich und allmählich kauterisieren.

7. Man muss Sorge tragen, diese Kauterien nicht mit zitternden Händen zu machen.

8. Das Kauterium am Hinterkopf kann ein Knoten oder Haarseilkauterium sein; das letztere ist leichter zu behandeln.

9. Das Kauterium der Vene vor dem Ohr geschieht zwar meist mit einem Ruptorium, indessen ist es mit Feuer vorzuziehen.

10. So oft man ein Kauterium auf der vorderen Fontanelle des Kopfes gegen katarrhalische Krankheiten des

Kopfes macht, soll man sich des Knotenkauteriums bedienen, damit es tiefer eindringe und den Rand der Schädelnähte erreiche, d. h. die Stelle, wo die Pfeilnaht auf die Mitte der Koronarnaht stösst, damit die Dünste durch das Kauterium entweichen können.

11. Dieses Kauterium soll lange offen bleiben.

12. So oft das Kauterium für nicht katarrhalische Krankheiten gemacht wird, kann man es mit dem Messerkauterium, oder sogar dem olivenförmigen machen.

13. Das Kauterium an der Thränenfistel soll nach seiner Applikation derartig zusammengedrückt werden, dass es den Nasenknochen vollständig durchbohrt, falls nicht eine andere genügende Behandlungsweise sich finden lässt.

14. Die Kauterien auf den Magen, die Leber und die Milz etc. sollen oberflächlich und Haarseilkauterien sein; dasselbe gilt für alle Kauterien bei edlen oder Hauptorganen und bei nervenreichen oder fleischarmen Körperstellen.

15. Bei den Fingerkauterien auf den Knieen, von denen oben die Rede war, soll man weder einen Charpiebausch, noch eine Erbse, noch irgend einen festen Körper einführen.

16. Derartige Kauterien soll man weder unter der Kniekehle noch zu beiden Seiten unter der Kniescheibe machen.

17. Bei den Kauterien der Weichen, die durch die Hoden bis zum Schambein eindringen, soll man im Falle eines Bruches nach Entfernung des Schorfes einen Charpiebausch oder eine möglichst grosse Wachskugel dauernd unterhalten, um die Vernarbung zu verzögern.

V. Hauptteil.

Erklärung der dunklen Punkte des Kapitels.

I. Zu bemerken ist, dass es heutzutage wenig Aerzte giebt, die Chirurgen sind, und dass es sehr wenig durchgebildete Chirurgen giebt. Darum missbrauchen aus Mangel an Sachverständigen einfältige Landleute, Dummköpfe, die von der chirurgischen Kunst durchaus nichts verstehen, die Kauterien und wenden sie bei einem Individuum an, das

nicht purgiert hat; die Folge davon ist, dass das Kauterium
zu einem Abscess oder Ulkus wird, indem es von anderswoher an die Stelle, wo es liegt, Säfte anzieht. In gleicher
Weise machen sie zuweilen Kauterien bei Individuen mit
warmer und trockner Komplexion und verursachen so dem
Patienten eine sehr starke Dyskrasie und ein heftiges
Fieber; und weil nun solche Leute, die sie falsch ver-
wenden, keinen Erfolg haben, so ist die ganze Wissen-
schaft der Kauterien unverdientermassen in Misskredit
gekommen und von den Modernen fast aufgegeben worden.

II. Nach den Autoren und Sachverständigen giebt
es keine Behandlungsmethode, die soviel schlechte Materie
verzehrte und so nützlich wäre, wie das Feuer eines genügend erhitzten und genügend grossen aktuellen Kauteriums. Ist es freilich klein und wenig erhitzt, oder
handelt es sich um irgend ein potentielles Kauterium und
enthält das kauterisierte Glied sehr kalte und feuchte
Materie, dann wird die brennende Kraft erstickt. Mit
einem kräftigen aktuellen Kauterium verhält es sich einer-
seits ebenso wie mit einer grossen Sommerwärme und
andererseits mit einem schwachen aktuellen oder einem
potentiellen Kauterium wie mit schwacher Sonnenwärme.
Nun aber verzehrt eine kräftige Sonnenwärme alles, was
sie auflöst, während dies nicht der Fall ist, wenn die
Sonnenwärme schwach ist; daher erzeugt sie auch im
Frühling und im Sommer heftige Winde. Also etc. . .

III. Der Ausdruck „ein Kauterium ist kunstgerecht
gemacht" hat zweierlei Bedeutung: zunächst bezieht er
sich auf den Augenschein, d. h. es sicht so aus, als sei
es kunstgemäss gemacht, soweit man nach dem Aeusseren
darüber urteilen kann; es ist dem gleichwohl durchaus
nicht so. Ein derartiges Kauterium lindert bald, bald lindert
es nicht; erfüllt bald seinen Zweck, bald erfüllt es ihn
nicht. — In zweiter Linie sagt man, es sei kunstgemäss
gemacht und es ist auch vollkommen wahr; wenn es derartig gemacht ist, so muss es absolut lindern und muss

seinen Zweck im Ganzen oder zum Teil erfüllen; sonst
wäre es eben nicht kunstgemäss gemacht.

IV. Je öfter ein Kauterium erneuert wird, je schneller
und besser erreicht es seinen Zweck.

V. Macht man ein aktuelles Kauterium am Arm, am
Beine, oder einer derartigen Gegend, und das Glied schwillt
an, so ist das ein Zeichen von Vollsäftigkeit und ein Hin-
weis darauf, dass eine Entleerung und ein Kauterium an
einem entgegengesetzten Gliede von nöten ist, um eine Ab-
leitung herbeizuführen.

VI. Für das Verständnis dieses Kapitels ist zu bemerken, dass das Kauterium, eine Brand- und Aetzwunde,
nach denen ein Schorf entsteht, auf zweierlei Weisen gemacht werden.

Zunächst zufällig, wie z. B. die Verbrennungen durch
Eisen, kochendes Wasser oder Oel u. s. w., da diese weder zur
Erhaltung der Gesundheit noch zur Behandlung einer
Krankheit beitragen, so muss man sie so schnell als möglich
heilen in der Weise, wie es an anderer Stelle gezeigt
werden wird. In zweiter Linie handelt es sich um ein
einen Schorf hinterlassendes Kauterium, das nicht zufällig,
sondern absichtlich gemacht ist, sei es zur Heilung einer
schon ausgebrochenen Krankheit, sei es zum Schutze vor
einer zukünftigen. — Ein solches wird auf zwei Weisen
gemacht: In erster Linie in einer Gegend oder einem
Gliede, das keinerlei Unterbrechung des Zusammenhanges
zeigt, und zwar auf 3 Weisen: Entweder macht man es
an einem Orte, wo es den Fluss der Säfte, die sich nach irgend
einem kranken Gliede begeben, abfängt, wie wenn man es
unter dem Knie gegen das Podagra macht, und dieses Kauterium kann man in jedem Augenblick der Krankheit anwenden — oder aber man macht es an einer Stelle, wo
von irgend einem andern Organe ein Säftefluss herkommt,
z. B. wenn man ein Kauterium am Halse für Augenkrankheiten macht; dieses Kauterium hat mehr Wirkung, wenn
die Materie in Bewegung ist, also in der Periode des Be-
ginns oder des Wachstums der Krankheit, — oder endlich

man macht es an der kranken Stelle selbst, wie wenn man ein Kauterium an der Hüfte gegen Hüftgelenkschmerz anwendet; dieses Kauterium darf man nur bei der Abnahme des Leidens gebrauchen, nachdem das Individuum purgiert hat und sämtliche übrigen Behandlungsweisen ohne Erfolg geblieben sind, wie es weiter oben gesehen worden ist.

In dritter Linie macht man eine einen Schorf hinterlassende Brand- oder Aetzwunde da, wo bereits eine Lösung des Zusammenhangs vorhanden ist; man macht es, um aus der Zusammenhangslösung irgend einen festen zusammenhängenden Körper wegzuschaffen oder zu zerstören. Die Art der Anwendung dieses Kauteriums, die Substanzen, mit denen es gemacht werden muss, sein Nutzen und seine Heilung sind im Antidotarium im vorletzten Kapitel „von den corrosiven Medikamenten etc. angegeben.

VII. Die Kauterien, welche alte Flüsse ablenken sollen, sind wirksamer, wenn man sie an einem Ort in der Nähe und über grossen, von der kranken Stelle herkommenden Venen macht: daher müssen die Kauterien, die vom Kopfe ablenken sollen, in der Nähe der Cephalica des Arms gemacht werden.

VIII. Jeder nicht natürliche, alte, schädliche und beträchtliche Säftefluss, der nicht auf natürlichem Wege angezogen, noch fortgeschafft werden kann, kann und soll dadurch beseitigt und geheilt werden, dass man ein Kauterium in der Nähe des erkrankten Gliedes macht.

IX. Wenn man ein Kauterium über den oben angeführten Termin hinaus offen lässt, so zieht man auf diese Weise aus dem Körper flüssigere Säfte an, gute oder schlechte, die beide schädlich werden, insofern als die schlechten die Gegend des Kauteriums infizieren und weil die guten den Körper schwächen.

X. Das Kauterium ist nützlich durch seine blosse Feurigkeit; ein Beweis dafür ist die Thatsache, dass niemals weder die Autoren noch die praktischen Aerzte für die Behandlung innerer Krankheiten oder für die

Erhaltung der Gesundheit Einschnitte an Gliedern oder
Gegenden verordnen, wo weder Oeffnung in der Haut noch
Excrescenz noch Abscess vorhanden ist.

XI. Wenn während das Kauterium fliesst der Patient
sich erheblich durch dies selbst oder durch irgend eine
andere Ursache geschwächt fühlt, muss der Chirurg das
Kauterium sich schliessen lassen.

XII. Man legt manchmal direkt auf das Kauterium
Epheu- oder andere ähnliche Blätter und darauf ein Stück
mehrmals gefalteter Leinwand; andere rühmen die um-
gekehrte Reihenfolge; die einen legen auf das Ganze eine
Metallplatte, andere nicht. Was mich anbetrifft, so scheint
es mir, dass die Epheublätter da, wo man eine Metallplatte
auflegt, nicht nötig sind und sie scheinen mir in diesem
Falle nicht nützlicher zu sein wie viele andere Blätterarten,
nur dass sie steifer sind. Man kann 2 Gründe dafür anführen, Blätter unmittelbar auf das Kauterium zu legen:
1. weil sie angenehm sind, 2. weil sie ausfliessenden Eiter
einsaugen wie Leinewand, was für den Patienten und für
die Angehörigen sehr angenehm ist. Solche Blätter halten
in der That die ausströmenden Dünste und Dämpfe zurück
und verdichten sie; so verdichtet verwandeln sich diese
Dünste in Flüssigkeit und Eiter und vermehren dessen
Menge; infolgedessen scheint das Kauterium mehr Materie
abzusondern und der Patient und die Angehörigen glauben,
dass die Blätter die Ausscheidung der Säfte herbeiführen
und begünstigen, was aber ein Irrtum ist, denn an- und
ausziehen thun sie nicht, sondern sie halten nur zurück
und verdichten. Die Blätter, deren man sich am häufigsten
bedient, sind die Epheu-, Kohl-, Ampfer- und Weinblätter,
welche kalt sind. Nun ziehen aber nach den Autoren,
nach der Vernunft und Wahrheit kalte Substanzen nicht
an, sondern drängen zurück und verdichten. Der Grund,
warum einige die gefaltete Leinewand unmittelbar auf das
Kauterium und die Blätter darüber legen, ist, weil, wenn
man die Blätter unmittelbar daraúflegt, die Feuchtigkeit
nicht durch sie hindurch bis zur Leinewand gelangen kann,

ausser in der Nähe von ihren Rändern, während, wenn
man unmittelbar ein Stück 16mal gefalteten Leinens mit
einem Blatt darüber auflegt, vom Morgen bis zum Abend
die ganze Leinewand bis zum Blatte sich mit Feuchtigkeit
tränkt und das Blatt selbst durchfeuchtet wird; das freut
dann den Patienten und veranlasst ihn zu dem Glauben,
dass das Blatt mehr anzieht als vorher.

Zum Schluss erfülle ich die angenehme Pflicht, Herrn Privatdozenten Dr. Pagel für Anregung zu dieser Arbeit, sowie die liebenswürdige Unterstützung bei der Anfertigung derselben meinen ehrerbietigsten Dank auszusprechen.

———————

Thesen.

I.

Bei Placenta praevia centralis ist die Perforation derselben der seitlichen Lösung vorzuziehen.

II.

Der Diabetes mellitus ist auf eine mangelhafte Funktion des Pankreas zurückzuführen.

III.

Das Ausbleiben der letzten Menstruation ist kein sicherer Anfangstermin der Schwangerschaft.

IV.

Der Wimperstrom im Uterus ist vom Fundus nach dem inneren Muttermund hin gerichtet.

Lebenslauf.

Verfasser dieser Arbeit, Walther Zimmermann, evangelischer Konfession, Sohn des Oberlehrers Dr. Friedrich Zimmermann, wurde am 28. Februar 1873 zu Berlin geboren. Seine wissenschaftliche Vorbildung erhielt er auf der Ritterakademie zu Brandenburg a. H., die er Ostern 1893 mit dem Zeugnis der Reife verliess. Am 26. April desselben Jahres wurde er in Heidelberg in der mediz. Fakultät inskribiert, studierte von Michaelis 1893 bis Ostern 1895 in Greifswald und bestand dort am 19. Februar seine ärztliche Vorprüfung. Er studierte dann in Leipzig, Greifswald, München und Berlin, wo er am 27. Februar 1897 das Tentamen medicum und am 5. März desselben Jahres das Examen rigorosum bestand.

Während seiner Studienzeit besuchte er die Vorlesungen, Kliniken und Kurse folgender Herren:

Krafft, Maurer, Koch, Limpricht, Landois, Solger, Sommer, Schmitz, Gerstaecker, Oberbeck, Lemmler, Ballowitz, His, Urban, Curschmann, Friedrich, Mosler, Helfrich, Pernice, Gravitz, Heidenhain, Angerer, Buchner, v. Ziemssen, Tappeiner, v. Ranke, Oeller, Klein, Olshausen, Schweigger, Jolly, Mendel, Liebreich, v. Leyden.

Allen diesen Herren, seinen hohverehrten Lehrern, spricht der Verfasser an dieser Stelle seinen ehrerbietigsten Dank aus.